LIMERICKS -

einfach menschlich

von Hans-Jürgen Sträter

Inhalt

Vorwort

Einer der ersten „Limerick-Dichter" war Edward Lear, ein englischer Schriftsteller und Maler. Zusammen mit Lewis Caroll, u.a. einer der großen Meister der viktorianischen Nonsense-Literatur. Bei uns kamen die Limericks in den 1970er Jahren durch die Volkssänger Schobert und Black erneut in Mode. (aus Wikipedia)

Uns haben diese Gedichte immer viel Freude bereitet, auch weil es in der 5. Zeile eine unerwartete Pointe gibt, die zum Lachen anregt. Hier bringt sie dazu zum Nachdenken...

Braunschweig, 1. Mai 2023   Hans-Jürgen Sträter

Dreiladung

Ein Mensch möcht' mit drei Neuen

durch Limericks erfreuen.

So kommen Text und Bild ins Buch,

ein bisschen frech ist der Versuch, -

man möge uns verzeihen...

Vernascht

Ein Mensch wollt' einen Partner suchen,

doch konnte nie Erfolge buchen.

Bis er auf einer Feier fand,

was führte in den Ehestand. -

Es gab den besten Kuchen...

Entstirnt

Ein Mensch möchte sich schenken,

mit seinem Kopf zu denken.

Das neue Hirn

hat keine Stirn, -

nun kann man ihn leicht lenken...

Das Kind im Manne

Ein Mensch springt manchmal volle Kanne

in eine große Badewanne.

Dort schwimmt er hechelnd Rund' um Runde,

die Zunge hängt ihm aus dem Munde, -

...so ist es mit dem Kind im Manne...

LO

Der Leisetreter

Ein Mensch geht oft sehr leise

ganz heimlich auf die Reise.

So ist er nicht zu hören,

er will ja keinen stören. -

Man sagt, er hat 'ne Meise...

Versteinert

Ein Mensch sammelt gern Steine,

mal große und mal kleine.

Die legt er stolz vor's Haus

wie einen Teppich aus. -

Doch Blumen hat er keine...

Ostfriesensport

Ein Mensch, egal ob Frau, ob Mann,

muss in Ostfriesland sportlich ran.

Kraftvoll der Wurf, die Kugel rund,

das Boßelspiel ist hier der Grund. -

Der Schlachtruf heißt heut: „....hier up an!"...

LO

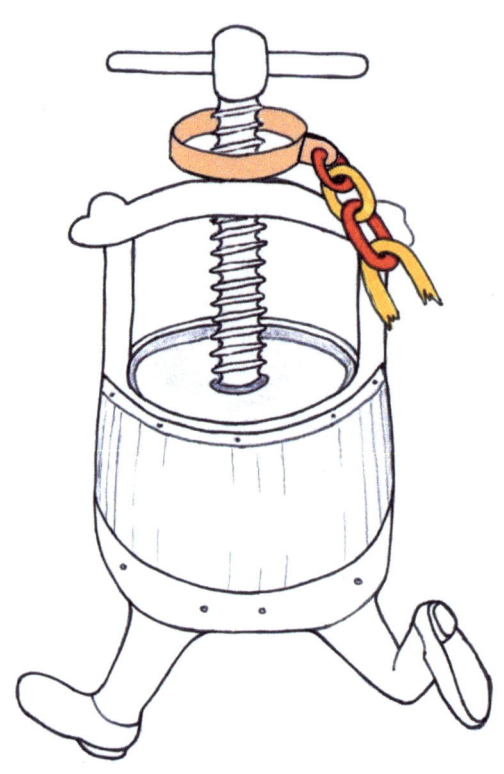

Pressefreiheit

Ein Mensch will nicht in Ketten leben

darum zerreißt er diese eben.

Möcht´ alles denken, schreiben, sagen

und vieles kritisch hinterfragen. -

Die Pressefreiheit ist sein Streben...

LO

Katzenfreuden

Ein Mensch spielt oft mit seinen Katzen,

obwohl ihn diese kräftig kratzen.

Er versorgt sie mit bestem Futter,

da schnurren sie, wie bei der Mutter -

und freuen sich an dem Vernatzen...

Der Unbesucher

Ein Mensch will unvergesslich bleiben,

fängt an und hört nicht auf zu schreiben.

Käm' einer zu ihm auf Besuch,

erwarten würde ihn manch Buch. -

Er fragt, wo nur die Leser bleiben...

Verspiegelt

Ein Mensch sieht gern sich nackt im Spiegel,

die Hose hängt an einem Bügel.

Plötzlich hört er, wie eine lacht,

die über ihn sich lustig macht. -

Er schloss die Tür nicht mit dem Riegel...

Wegläufer

Ein Mensch genießt das Rennen,

lernt so viel Reiche kennen.

Nachts geht es bei ihm los,

doch vorher fehlt viel „Moos". -

Man nennt es auch „Durchbrennen"...

Gehirnt

Ein Mensch möcht' immer alles wissen,

sein Wahn ist, das hat man zu müssen.

Von hellen und von dunklen Sternen

bis hin zu Quanten will er lernen. -

Das Hirn wurde dabei verschlissen...

Entraten

Ein Mensch möchte ein Haus sich bauen,

musste nach einem Grundstück schauen.

Und als er es dann endlich hat

und bat die Bank um einen Rat, -

will man ihm leider nicht vertrauen...

Meer und weniger

Ein Mensch reist gerne an das Meer,

auch uns're Nordsee mag er sehr.

Er liebt deshalb den rauhen Sturm

und kennt hier sogar manchen Wurm. -

Doch weh, kommt eine Ebbe her...

Frechheit

Ein Mensch ist frech und nicht sehr nett,

bleibt immer wach, geht nie ins Bett.

Als man den Grund zu fragen wagt,

fühlt er sich heftig angeklagt, -

versteckt sich feig in der Toilett'...

LO

Paragraphen

Ein Mensch lebt oft nach Paragraphen

und zählt sich dadurch zu den Braven.

Er kommt sich vor wie ein Jurist,

merkt aber, wie einsam er jetzt ist -

und kann vor Schreck nicht richtig schlafen...

LO

Verfüttert

Ein Mensch sagt seiner Mutter:

„Ich will mehr Brot und Butter.

Deshalb geh ich zum Heer,

denn dort verdient man mehr." -

Teures Kanonenfutter...

Malstimmen

Ein Mensch geht gerne um mit Zahlen,

deshalb rechnet er dann hoch bei Wahlen.

Dabei er sich viel Zeit dann nimmt

und hofft, dass die Prognose stimmt. -

So kann man auch bunt Bilder malen ...

Grünling

Ein Mensch schreitet durch Wald und Feld,

weil ihm die Frischluft so gefällt,

und hier verbringt er manche Stunde.

Man hört ihn gern in großer Runde -

natürlich als den grünen Held...

LO

Der Tierfreund

Ein Mensch besucht dankbar den Zoo,

die Welt der Fauna macht ihn froh.

Er liebt alle, große und kleine,

mit zwei, vier, sechs und tausend Beinen, -

hat tierisch Angst vor einem Floh...

Zähne

Ein Mensch isst gerne süße Sachen

das Gebiss hat dabei nichts zu lachen

Vergrößert ist die Sache klar,

die Zähne werden langsam rar, -

Was kann man jetzt noch machen?

LO

Erntehelfer

Ein Mensch geht öfters in den Garten,

wo Beet und Spaten auf ihn warten.

Wenn hell und warm die Sonne lacht,

er seine Arbeit freudig macht. -

Dann kann die Ernte eher starten...

Zeitweiser

Ein Mensch erschrickt beim Schlag der Uhr,

denkt an den Start der Zeit nicht nur.

Das Präzisionsgerät gibt Kunde:

„Auch für dich kommt die letzte Stunde!" -

Da bleibt er, wie die meisten, stur...

Versitzt,

Ein Mensch gern sitzt, sein Lehrer steht,

und lernlos langsam Zeit vergeht.

Wenn aber Zeugnisse geschrieben

ist jener dann sitzen geblieben. -

Nun kommt die Einsicht - doch zu spät...

Angelacht

Ein Mensch bewundert nachts die Sterne,

erforscht sie deshalb immer gerne.

Er ist aus ihrem Staub entstanden,

der früher konnt' auf Erden landen, -

drum lächeln sie ihm aus der Ferne...

Farbenwahl

Ein Mensch geht treu zu jeder Wahl,

Entscheidung ist für ihn nur Qual.

Er gibt der Demokratie Ehre,

doch scheiter an der Farbenlehre, -

ja, manches ist oft ganz banal...

Unser Brezel

Der Mensch sagt, Brezeln sprechen nicht,

sie sind aus Teig und ohne Gesicht.

Mit Megaphon und Bäckerhut

bekommt unser Brezel aber Mut, -

schaut alle fragend an und spricht...

LO

Lohn der Stille

Ein Mensch hat öfter einen Streit,

flieht darum in die Einsamkeit.

Als hier dann ganz alleine,

kommt er mit sich ins Reine, -

und plötzlich tut ihm manches leid...

Der Dunkelmann

Ein Mensch arbeitet nur in der Nacht,

ihn ärgert wenn der Mond hell lacht.

Er kann ganz leise gehen.

Sein Lohn ist am Morgen zu besehen, -

drum habt auf eure Euros acht...

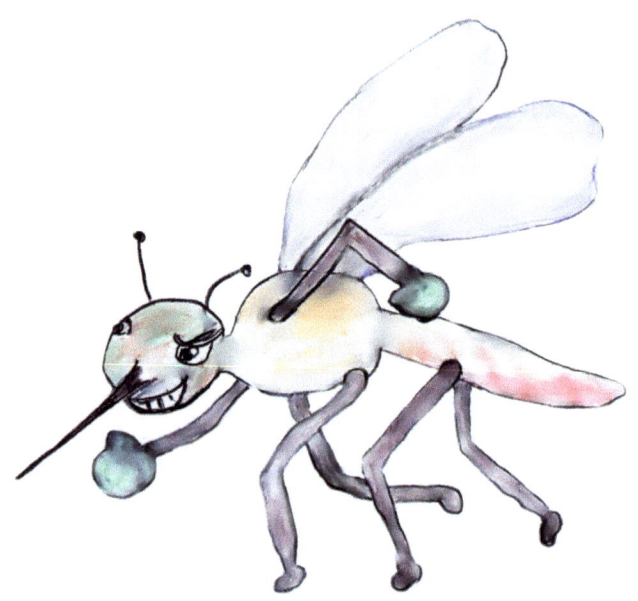

Freche Mücke

Ein Mensch geht über eine Brücke,

nichts ahnend von der List und Tücke,

drum ist er auch nicht vorbereitet,

als er zum anderen Ufer schreitet -

auf den Stich der frechen Mücke ...

LO

Ortswechsel

Ein Mensch wendet sich dann zu Gott,

wenn ihm sich nähert einst der Tod.

Und auch in völlig and'ren Nöten

fängt er ganz plötzlich an zu beten. -

Nimm den Herrn früher in dein Boot...

Traumreich

Ein Mensch möchte in seinem Leben

recht manches Hab und Gut erstreben.

Von früh bis spät er fleißig denkt,

wie man ihm große Schätze schenkt. -

Dem, der nur träumt, wird nichts gegeben...

Mützenwurst

Ein Mensch glaubt, er ist die wahre Stütze,

die Brücke für alles über jede Pfütze,

die große Nummer mit weißem Kragen,

der große Held in allen Lagen, -

und ist nur eine Wurst mit Mütze...

LO

Umwelt

Ein Mensch, er ist der Schöpfung Krone,

die Umwelt interessiert ihn nicht die Bohne.

Flora und Fauna werden ausgerottet

und dann wird die Natur verschrottet. -

.... stolz sitzt er da auf seinem Throne ...

LO

Der Zernießer

Ein Mensch liebt sehr sein Gold und Geld,

er quält sich immer, wenn was fehlt.

Die Zahlen in die Höhe schießen,

kein anderer soll das genießen. -

Nur wer gern gibt, Freude erhält...

Verfreit

Ein Mensch strebt sehr nach hohen Ehren,

will intensiv sein Anseh'n mehren.

So wie im Heuhaufen die Nadel

sucht er die Ehe mit dem Adel. -

Doch alle ihm den Rücken kehren...

Kinderhand

Ein Mensch schwört auf den Verstand,

doch schöner ist Phantasialand.

Und wenn er will kann er es seh´n

und glücklich durch das Leben geh´n, -

geführt von einer Kinderhand...

LO

Esskultur

Ein Mensch will fast-food immer mehr,

davon zu lassen fällt ihm schwer.

Er überlegt sich böse Sachen,

kann man das Essen schneller machen? -

...das Tier im Kochtopf zum Verzehr...

LO

Überfischt

Der Mensch die Meere überfischt,

als Feinkost-Fisch dann aufgetischt,

gekocht, geschmort, gebraten, roh,

ach Menschheit, mach nur weiter so, -

das Leben bald im Meer erlischt...

LO

Einstimmung

Ein Mensch soll stets beim Lachen

nicht nur den Mund aufmachen.

Wenn er sein Herz macht dicht,

kann er sich freuen nicht. -

Drum lass es doch mal Krachen...

Der Zurückte

Ein Mensch schaut wehmütig zurück,

hat nur Vergangenheit im Blick.

Er war auch wirklich jung und schön,

- auf Fotos kann man das noch sehn'n, -

merkt nicht, auch heute gibt es Glück...

TraumRaum

Ein Mensch liebt den Raum

mit einem Baum.

Dort scheint die Sonne,

welch eine Wonne, -

dieser wundervolle Traum...

Mara

Verfernt

Ein Mensch mag weit zu reisen,

kann davon reichlich preisen.

Nun kennt er schon fast jedes Land

und ist deshalb auch weltbekannt, -

er lebt in and'ren Kreisen...

Kuchenfreunde

Ein Mensch backt gerne Kuchen,

drum viele ihn besuchen.

Er hat zum Glück ein großes Haus,

hier gehen Gäste ein und aus, -

doch muss man vorher buchen...

Impressum:

LIMERICKS – einfach menschlich

von Hans-Jürgen Sträter

mit Illustrationen von Gisela Laue und Karl-Heinz Otten (*LO*)

Ausgabe Mai 2023

Herstellung und Verlag: BoD – Books on Demand, Norderstedt

ISBN: 9783756881567

Weitere Bücher von Hans-Jürgen Sträter finden Sie hier:

MIX
Papier aus verantwortungsvollen Quellen
Paper from responsible sources
FSC® C105338

FSC
www.fsc.org